Encuentros *hoy* 2

Manuel Vila Baleato

¿Cuándo empieza el futuro?

Unter www.cornelsen.de/codes gibt es als kostenlosen Download:
– das Hörbuch zu *¿Cuándo empieza el futuro?*
– passende Arbeitsblätter.
Gib einfach folgenden Webcode ein: **bewuvu**

Cornelsen

1 Increíble... pero real

¡Ding dong! Los alumnos de 4° de ESO del Instituto Libredón ya no pueden concentrarse en la dictadura de Franco cuando, por fin, a las cuatro y media de la tarde el timbre pone fin a sus clases. Amancio, el profesor de Historia, continúa hablando mientras casi todos los chicos y chicas ya se levantan:

¡Y recordad los deberes, por favor! Tenéis que leer el texto en la página 78 y hacer las actividades dos y tres para la próxima semana.

DICTADURA DE FRANCO 1939-1975

Lucía coge su mochila y después de salir del aula, charla un poco con unas amigas mientras esperan el autobús. Un cuarto de hora más tarde, cuando llega a casa, entra en la cocina y ve una nota de su madre en la nevera:

Papá y yo tenemos que trabajar hoy hasta tarde. No vamos a volver hasta las once de la noche. En la nevera hay queso y un poco de ensalada. Si quieres, también puedes pedir una pizza por teléfono. Un beso, mamá.

Lucía abre la puerta de la nevera, coge un poco de queso y una botella de agua. Poco después se sienta aburrida en el sofá de la sala y ve que su amigo Marcos le acaba de enviar un mensaje:

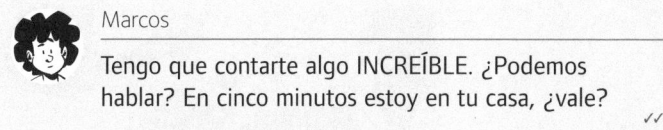

Marcos

Tengo que contarte algo INCREÍBLE. ¿Podemos hablar? En cinco minutos estoy en tu casa, ¿vale?

En ese momento llaman a la puerta y Lucía se levanta para abrir. Cuando abre, Marcos entra en la casa muy rápido y bastante nervioso:
—¿Estás sola? Rápido, ven, tengo que contarte una cosa… ¿Puedes hablar?
—Pero Marcos… ¿qué pasa? ¿Estás bien? ¿Tienes algún problema?
—¡Mira estos documentos! —dice Marcos y le entrega una carpeta a Lucía.

—Marcos, tranquilo, no te entiendo… ¿Documentos? ¿Qué documentos? —pregunta Lucía.
—Un hombre los acaba de olvidar en el parque del barrio. El tío estaba hablando por el móvil sentado en un banco. De repente llegó un taxi, se levantó y se fue muy rápido. Cuando vi que el hombre se había olvidado la carpeta, el taxi ya se había ido…

—Bueno… ¿Y qué es tan increíble en esos documentos? —pregunta Lucía.

—Pues, si lo he comprendido bien, creo que un grupo de profesores universitarios está desarrollando un proyecto impresionante… ¡Fíjate! ¡Es como en una película de ciencia ficción, pero… es real! —dice Marcos.

—¿Cómo? Marcos, creo que todavía no te entiendo. Tranquilo… ¿Qué es como una película de ciencia ficción? —pregunta de nuevo Lucía con cara de sorpresa.

—Mira, lee esto… Parece que tienen un programa muy moderno y solo con la información de tus perfiles en las redes sociales y los datos de las aplicaciones que tienes en tu móvil, pueden… —Marcos hace una pausa—. Pueden…

—¿Pueden qué? —pregunta Lucía con voz nerviosa.

—¡Te pueden decir cómo será tu vida en el futuro!

2 ¡Es él!

A los dos amigos les encantan las películas y los libros de ciencia ficción, pero Lucía no está comprendiendo bien a Marcos. Antes de que el chico continúe con su historia, los dos van a la sala y se sientan en el sofá.

—Pero Marcos, ¿qué estás diciendo? ¡Es imposible saber cómo será el futuro! —dice Lucía.

—Yo tampoco lo podía creer, pero mira… ¿Lo ves? —dice Marcos mientras abre la carpeta llena de documentos de la Universidad de Santiago de Compostela.

—¿Pero tú sabes si nosotros podemos leer toda esa información? ¿No es mejor llevar esa carpeta a la Oficina de Objetos Perdidos?

—Eso mismo pensé yo al principio, pero preferí abrirla para buscar un nombre o un número de teléfono y llamar directamente al dueño… —le explica Marcos.

—¿Y encontraste algo? —le pregunta su amiga.

¿Algo? ¡Esto es increíble, Lucía! Si esto es verdad, nuestras vidas van a cambiar para siempre…

—¿No crees que estás exagerando un poco? ¡Creo que has visto demasiadas películas de ciencia ficción! A lo mejor no son más que papeles de un loco… o ideas para una novela de algún escritor sin mucho éxito…

—¡Que no, de verdad! ¡Son documentos oficiales de la Universidad de Santiago! Míralos un momento, por favor…

Durante un rato, los dos jóvenes se dedican a leer los documentos, ven un montón de datos y miran fotografías, así que Lucía va comprendiendo poco a poco los nervios de su amigo.

—Pues sí, es verdad que todo parece muy raro… ¿Y cómo era el hombre que olvidó la carpeta en el parque? —pregunta Lucía.

—Era un hombre alto y con barba, tenía más o menos 40 años y llevaba ropa bastante cara. No sé, la verdad es que no parecía un profesor universitario. Yo creo que puede ser un director de una empresa de contabilidad y finanzas o algo así…

—Yo creo que debemos volver al parque porque a lo mejor vuelve para buscar sus documentos… —aconseja Lucía, pero su amigo no le deja terminar la frase.

—¿Y si vuelve? ¿Y si se enfada porque leímos sus documentos? ¿Qué hará con nosotros si descubre que ya conocemos el proyecto? Yo siempre me he interesado por la tecnología y la ciencia, y puedo decir que los profesores suelen analizar esos datos de modo estricto —dice Marcos mientras le tiembla un poco la voz—. Y si ese proyecto realmente es secreto, incluso puede ser peligroso para nosotros. Esto es algo muy serio…

—¿No estás exagerando un poco? Venga, ¡vamos otra vez al parque! Si vuelve ese señor, le entregamos su carpeta y nos olvidamos de esta historia. Seguro que es una buena persona, por lo que no tienes que tener miedo.

—Pero es que yo ahora no puedo olvidar el tema… ¡Y tampoco quiero!

En ese momento, Lucía recibe un mensaje en su móvil:

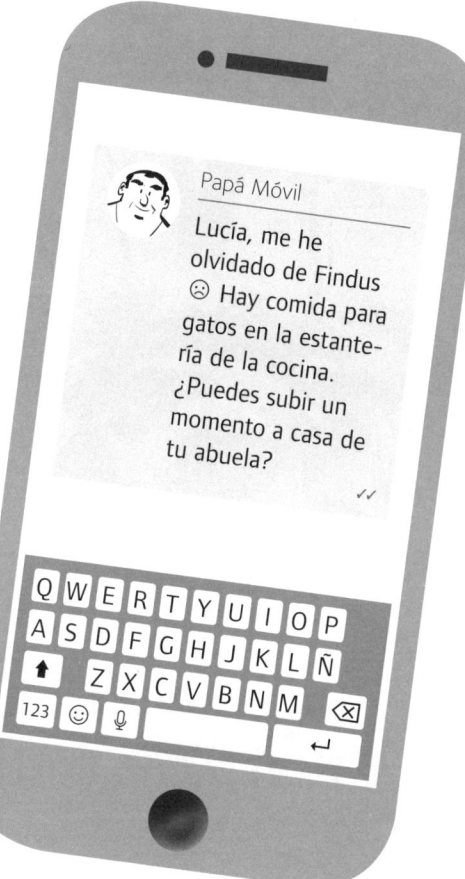

Papá Móvil

Lucía, me he olvidado de Findus ☹ Hay comida para gatos en la estantería de la cocina. ¿Puedes subir un momento a casa de tu abuela?

Lucía mira su teléfono y le dice a Marcos:

—Es mi padre. Mi abuela está de vacaciones y su mascota necesita comida. Subo diez minutos a su casa y nos vemos en el parque en un rato, ¿vale?

Veinte minutos más tarde, los dos amigos ya están juntos de nuevo en el parque del barrio. Marcos está sentado en el mismo banco que había ocupado el hombre una hora antes, y mira continuamente a la derecha y a la izquierda, mientras Lucía lee algo tranquilamente en su móvil.

—¿Lo ves, Lucía? Ese señor no viene… Es mejor que nos vayamos ya a casa —dice Marcos mientras se levanta.

—¡Tranquilo! ¡No comprendo por qué estás así! Vamos a esperar un rato más, no te preocupes… —le contesta su amiga.

En ese momento llega bastante rápido un taxi blanco. Cuando la puerta se abre, dos hombres se bajan. Uno de ellos mira a los chicos y le dice algo al otro mientras empieza a correr en dirección al banco.

Marcos coge su mochila y le dice a su amiga:

Es él. Ese es el hombre de la carpeta.

¡Es él!

3 ¿Fin de la historia?

Además del hombre que Marcos ya había visto al principio de la tarde, otro señor un poco mayor, de unos 60 años y también con ropa cara, viene con él y parece bastante preocupado.

Lucía también se levanta y se pone al lado de su amigo, que tiene la carpeta con los documentos en la mochila que lleva a la espalda.

El hombre de barba intenta ser simpático cuando habla con los dos jóvenes:

—¿Qué tal, chicos? ¿Habéis visto quizás una carpeta azul, que estaba en ese banco? Esta tarde he estado un rato en este parque y estoy seguro de que la he olvidado aquí...

—¿Y qué es lo que tiene dentro? —pregunta entonces Lucía, antes de que Marcos pueda decir nada.

El hombre más joven, aunque no contaba con una pregunta así, se mantiene tranquilo y contesta sin enfadarse o perder los nervios:

—Pues veréis... Son unos documentos importantes sobre un proyecto que tenemos en la universidad y...

—Si la habéis visto y nos podéis ayudar, os sabremos dar las gracias —dice entonces el otro, mientras saca de la cartera dos billetes de 50 euros.

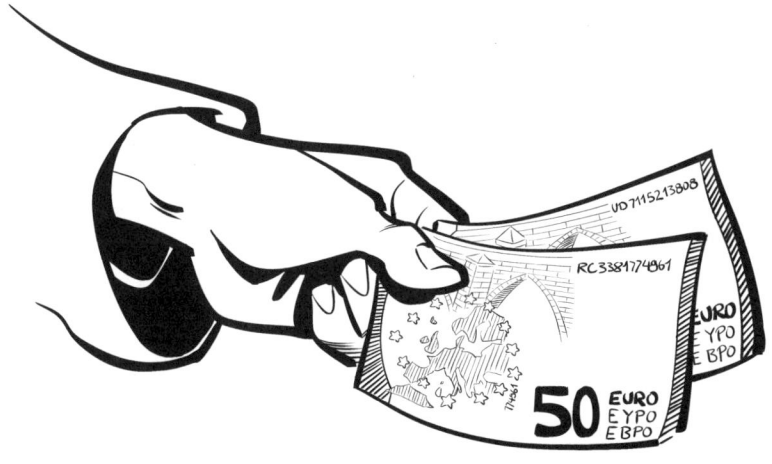

Los dos amigos apenas creen lo que ven y comprenden que la carpeta es realmente importante para ellos. Marcos, que hasta ese momento no había dicho nada, es entonces quien habla:

—Pues han tenido mucha suerte porque yo he encontrado la carpeta y la tengo aquí conmigo.

De repente, los dos hombres los miran con unas sonrisas enormes y parecen ya mucho más majos, mientras Marcos abre su mochila.

—¡Menos mal! —dice el hombre más joven, ya más tranquilo.

—La verdad es que he corrido hasta el coche cuando usted se ha ido del parque, pero no he llegado a tiempo.

—¡Da igual! Lo importante es que la tenemos de nuevo —dice el hombre mayor cuando coge la carpeta de la mano de Marcos.

Aunque al principio los dos jóvenes no quieren aceptar el dinero de los hombres, al final toman el pequeño premio por su «trabajo» y se despiden.

Cuando ya los dos hombres se van tranquilos y contentos con su carpeta bajo el brazo, Lucía le dice muy feliz a su amigo:

—¿Lo ves? Al final todo ha terminado bien para todos. Esos hombres vuelven a su trabajo con sus documentos, y tú y yo podemos pasar un buen fin de semana gracias a ellos. Fin de la historia.

Entonces, con un gesto inteligente y una sonrisa enorme, Marcos le contesta:

Para ti y para mí, esta historia solo acaba de empezar.

4 El futuro próximo

—¡No pongas esa cara, Marcos! —le pide Lucía a su amigo—. ¡Te conozco, por lo que sé perfectamente en qué estás pensando!

—Tú sabes tan bien como yo que esto puede ser algo importante… Y además, ¡has sido tú quien le ha preguntado a ese hombre qué hay dentro de la carpeta! —le dice Marcos.

—Es verdad, pero quizás es mejor olvidar esta historia… ¡y tus fantasías! Y si tienes ganas de pensar en el futuro, me podrías ayudar con el examen de Mates del próximo viernes, ¿no crees? —le pregunta Lucía con una sonrisa.

Los dos amigos quedan para el día siguiente en el instituto y vuelven a casa. Pero después de cenar con sus padres, cuando Marcos se va a su habitación, en lugar de acostarse, se queda buscando información sobre el tema toda la noche.

Cuando los dos chicos se ven a la mañana siguiente, y sin que Marcos diga nada, Lucía ya sabe que su amigo apenas ha dormido. Después de una hora de Historia bastante aburrida, su profesor Amancio da una información importante a toda la clase:

—Ya sabéis que en menos de tres meses se acabará el curso y terminaréis la Educación Secundaria Obligatoria. Quizás muchos de vosotros todavía no sabéis qué haréis…

—¡Yo me iré de vacaciones a Mallorca con mis padres! —dice Nacho, el gracioso de la clase, para que todos se rían.

—Muy divertido, Nacho —contesta Amancio—. Sabes perfectamente que estoy hablando de la opción de estudiar el bachillerato e ir a la universidad o hacer una formación profesional. Seguramente recordaréis que el curso pasado visitamos el campus de la Universidad de Santiago y nos explicaron ya muchas de las carreras que podéis estudiar en nuestra ciudad.

Por cierto, yo tengo una pregunta sobre la selectividad.

¿Cuánto tiempo dura una FP?

—Podréis hacer esas y otras preguntas a Belén, que es la orientadora de nuestro instituto. Por eso, os quería explicar que todos tenéis que hacer una cita con ella para hablar sobre vuestro futuro. Ella os puede ayudar si no sabéis todavía qué camino queréis tomar y os aconsejará según vuestros intereses, asignaturas favoritas, aficiones y perspectivas laborales —contesta Amancio mientras mira a todos sus alumnos.

—¿Y dónde está la oficina de la orientadora? —pregunta curioso Marcos.

—Belén está en nuestro instituto los martes y los viernes por las mañanas y la podéis encontrar en una sala pequeña que está al lado de la mediateca.

Mientras todos los chicos comentan la información que les acaba de dar su profesor de Historia y hablan sobre su futuro más próximo, Marcos le dice a Lucía:

El viernes tú y yo tenemos una cita con esa orientadora.

5 ¡No es lo mismo!

Lucía conoce muy bien a su amigo y por eso lo mira con cara de sorpresa:

—¿Así que ahora necesitas una cita con una orientadora para que te aconseje sobre tu perfil y te haga un test sobre tus puntos fuertes y tus puntos débiles? ¡No lo puedo creer!

—Sé que el diseño multimedia se me da bien y tengo muy claro que después del instituto haré un ciclo de formación profesional en ese campo —contesta Marcos.

—¿Entonces por qué de repente esa cita es tan importante para ti? —pregunta Lucía.

—Porque le quiero preguntar a Belén por la capacidad técnica de programas que te dicen qué estudiarás o qué harás después de la universidad.

—¡Ya veo que no te has olvidado del tema! A mí también me gustaría creer que algo así es real, pero todo eso solo son fantasías en tu cabeza, nada más… —le dice Lucía.

—¡Claro que no me olvido del tema! ¿Y por qué no va a ser posible? Tengo un vecino de 98 años que tiene una hija que vive en Estados Unidos. La semana pasada chateé con su nieta por Internet. Después de un rato, subí a la casa de su abuelo con mi portátil y él habló con ella por skype por primera vez en su vida. El hombre lloraba como un bebé y decía todo el tiempo «¡Esto es increíble! ¡Es un milagro!»

—Marcos, ¡ese hombre tiene casi 100 años! Cuando nació, no había televisiones, ni ordenadores o móviles…

—¡Claro! Te estoy diciendo exactamente eso… Lo que hace 50 años parecía imposible, hoy en día es completamente normal. Mira, te doy otro ejemplo: ¿Tú has visto las imágenes de la aplicación que te muestra cómo serás con 40, 60 o 90 años? Los resultados son impresionantes… Para mis padres, ver algo así también es ciencia ficción…

—Sí, recuerdo esa aplicación, que se volvió muy famosa hace un par de años, pero no es lo mismo… —contesta Lucía.

—¿Por qué no? Si te pueden decir como será tu cara, quizás también es posible que te digan qué carrera estudiarás, a qué profesión te dedicarás, si tendrás familia…

Después de pensar un rato, Lucía tiene que aceptar que hoy en día el mundo va tan rápido que quizás todo es posible.

—Vale, ¿qué quieres que hagamos? —pregunta, no muy segura.

—Quiero que nos dediquemos a analizar el proyecto de la Universidad de Santiago. Y el viernes le preguntamos a la orientadora si ella piensa que algo así es posible.

—¿Pero cómo vamos a analizar de modo serio el proyecto si ya hemos devuelto la carpeta a los dos hombres? —pregunta Lucía.

Su amigo la mira con una sonrisa divertida:

—Ayer, antes de devolver los documentos y mientras tú le dabas la comida al gato de tu abuela… ¿recuerdas?

—Por supuesto, pero… —dice Lucía sin entender nada.

—Pues, hice una copia de toda la carpeta, así que tengo un ejemplar completo del proyecto en mi casa.

6 Decidir con el estómago

Lucía piensa que su amigo es tal vez demasiado curioso, pero se alegra porque, gracias a eso, pueden leer de nuevo todos los documentos de la carpeta sin estar bajo presión. Aunque piensa que quizás se van a complicar la vida, también ella decide esta vez con el estómago y quiere descubrir qué hay de verdad en ese proyecto tan original de la Universidad de Santiago. Esa tarde, antes de irse a casa, Marcos le da a su amiga la mitad de las copias para trabajar de modo productivo y analizar todos los aspectos antes de la cita con Belén.

Al día siguiente, cuando los dos amigos se ven de nuevo en el instituto, Marcos le pregunta:

—¿Qué tal? ¿Has encontrado algo interesante?

—He leído los documentos. He puesto atención en todo y ya voy comprendiendo un poco mejor por qué estabas tan nervioso. Tenías razón: el profesor Castro y su equipo han hecho un programa que sirve para predecir nuestro futuro. Simplemente toman todos los datos personales, como la fecha de nacimiento o las notas del instituto y alguna información sobre la familia, y analizan las páginas web que visitas o la música que escuchas en las plataformas digitales. Según las fotos que pones en Internet y todo lo que cuelgas en las redes sociales, estudian cómo reaccionan tus seguidores y también de quién eres fan tú mismo. Poco a poco, van combinando los datos con la información de otras aplicaciones que tienes en tu móvil y hacen un estudio en detalle de tu perfil —explica Lucía a su amigo.

—¡Exacto! Pero lo sorprendente es el resultado porque según ellos, con ayuda de esos datos le pueden decir a un joven de 16 años de qué trabajará en el futuro y si será rico o pobre, en qué ciudad vivirá y cuántos hijos tendrá... —comenta Marcos.

—¡Y según el profesor Castro, prácticamente sin errores! —dice Lucía.

—¡Lo peor es que seguro que quieren usar después esos datos para venderlos! Las grandes empresas comprarán esa información para lograr que los jóvenes con los mejores perfiles trabajen para ellos. Poco a poco las personas nos convertiremos en productos con un precio más o menos alto... —explica Marcos.

—Ya sabes que a mí me encanta la ciencia ficción, pero esto quizás es demasiado... ¿Y qué pasa con los jóvenes que tienen un perfil que no es productivo para las empresas?

—Simplemente se quedarán fuera del mercado laboral... Antes de terminar la educación primaria, habrá jóvenes sin posibilidades de trabajar en el futuro. Tenemos que hacer algo, ¿no crees?

—Dije que te voy a ayudar y voy a cumplir el trato, pero primero vamos a esperar a nuestra cita con Belén el viernes... —contesta Lucía.

—Pero hoy es miércoles, ¿qué quieres hacer hasta entonces? —pregunta Marcos a su amiga.

—Muy fácil, ¡quiero que estudiemos juntos para el examen de Mates, que tenemos ese mismo día! —dice Lucía con una sonrisa.

7 Examen final de Mates

—¡Ya son las diez en punto, solo tenéis 15 minutos más!

Mientras algunos alumnos todavía se concentran en los últimos ejercicios, otros se desesperan con la presión de terminar el examen a tiempo. A la hora de entregar su examen, Lucía está bastante contenta. Cuando sale sonriendo del aula, Marcos ya la está esperando fuera y sabe que le ha resultado fácil:

—No ha sido tan difícil, ¿no? —le pregunta Marcos.

—Pues no, la verdad… Vale la pena tener un amigo de toda la vida que te ayuda, sobre todo cuando no se te dan bien las Mates… —contesta Lucía.

—Así soy yo… —dice Marcos divertido—. Otra de mis virtudes es que soy muy sincero. Pero uno de mis defectos es que soy un poco pesado, así que vamos a hablar con Belén…

—¡Caray, no pierdes el tiempo! Acabamos de hacer el examen y ya estás…

—¡Venga, vaaaaamos! —dice Marcos sin que Lucía pueda terminar su frase.

Solo unos minutos después, los dos amigos llaman a la puerta de la orientadora laboral del instituto. Desde dentro de la oficina, escuchan la voz de una mujer joven:

—¡Pasa, por favor!

—¡Buenos días! Somos Marcos y Lucía y nos gustaría charlar un rato con usted —dice Marcos un poco tímido mientras abre la puerta.

—¡Claro, chicos! Pasad… Me llamo Belén, y no me tratéis de usted, ¡que no tengo 80 años! —les pide la orientadora con muy buen rollo.

Los dos amigos entran y miran los folletos y los pósteres que hay en la sala con frases como «¿Te gustaría hacer una formación profesional como Técnico Superior en Energías Renovables o en Mecatrónica?», «¿Quieres estudiar Comercio Internacional en Londres?» o «Un año de voluntariado o como au pair en Inglaterra».

—Os explico: Yo no os quiero influir en vuestras decisiones, así que antes de que hablemos, quiero que hagáis un test con algunas preguntas personales, que vosotros tenéis que contestar.

—Pero es que nosotros… —quiere decir Lucía mientras Belén les entrega unas hojas con un montón de preguntas.

—Después tendremos tiempo para hablar. Ahora haced el test, por favor.

8 Un test de orientación vocacional

Los dos cogen las hojas y leen las primeras frases:

Test de orientación vocacional

1. Normalmente mis amig@s y mi familia dicen que...
   a. soy muy creativ@ y comunicativ@.
   b. soy bastante competitiv@ y me gusta ser el/la líder del grupo.
   c. siempre estoy motivad@ y con ganas de tener nuevas experiencias.
   d. a veces soy demasiado tranquil@ y tengo que ponerme las pilas.
2. Uno de mis puntos fuertes es que...
   a. tengo buena memoria visual, recuerdo cosas fácilmente.
   b. se me da bien reparar cosas.
   c. antes de decidir algo, siempre considero todos los aspectos a favor y en contra.
   d. siempre me mantengo con los pies en el suelo, cuando me aplauden y cuando me critican.
3. ¿Cómo es mi puesto de trabajo ideal? Es importante que...
   a. sea una profesión de prestigio y que gane mucho dinero.
   b. pueda hacer contactos y que el trabajo tenga un aspecto social, para ayudar a otras personas.
   c. sea un puesto estable, pero que no sea una actividad repetitiva.
   d. me permita tener mucho tiempo libre.

Después de casi media hora, poco a poco, Marcos y Lucía van terminando con el test. Belén los mira con una sonrisa y les pregunta:
—¿Ya estáis listos?
—Sí, acabo de contestar a la última pregunta —dice Marcos—. ¿Ahora te podemos hacer un par de preguntas?
—Yo también he terminado. Aquí tienes mi test —le entrega Lucía sus hojas con una sonrisa.

—Perfecto, tendré vuestros resultados el próximo martes. Ahora ya me podéis preguntar por los ciclos superiores, la selectividad, las carreras universitarias…

—En realidad, nosotros tenemos preguntas sobre el futuro en general… —dice Marcos un poco tímido.

—¿Sobre el futuro en general? ¿Qué quieres decir con eso?

—Bueno, acabamos de hacer un test de orientación vocacional, ¿verdad? Pues queremos saber qué información te darán los datos del test sobre nuestro futuro —explica Marcos.

—Sí, me imagino que los resultados son exactos y fiables, ¿no? —pregunta también Lucía—. Entonces con ayuda del test, ¿nos podrás decir de qué trabajaremos o dónde viviremos después de terminar nuestros estudios?

—Chicos, yo soy orientadora laboral, no vidente. Intentaré aconsejaros de modo responsable, pero desgraciadamente no puedo decir lo que nadie sabe.

—¿Entonces no es posible predecir nuestro futuro con programas informáticos que analizan nuestros datos personales y nuestros puntos fuertes y débiles? —pregunta Marcos.

Lo siento, chicos, pero eso solo pasa en las películas de ciencia ficción.

9 La vida de Belén

Después de escuchar la frase de la orientadora, Marcos y Lucía se miran. Está claro que Belén no conoce programas como el del proyecto de la universidad, pero de todas formas los chicos no quieren rendirse tan pronto, a pesar de que parece que ella está muy segura.

—No suelo hablar sobre mi vida personal con los alumnos, pero os voy a contar mi historia como ejemplo de que es imposible saber qué pasará en el futuro.

Los chicos ponen atención a las palabras de Belén, que continúa hablando:

—Desde niña me ha gustado mucho la música. Cuando era pequeña, me encantaba cantar y bailar y siempre me apuntaba a las actividades musicales que teníamos en la escuela. Uno de mis tíos trabajaba como escenógrafo en un teatro y un día me llevó a ver un concierto. Yo solo tenía nueve años, pero fue para mí una experiencia alucinante. Desde entonces supe que quería ser cantante…

Me apunté al conservatorio y aprendí a tocar el piano y la guitarra. Empecé a componer mis propias canciones y poco a poco fui formando mi sueño de grabar un álbum y convertirme en una estrella.

A mis padres no les gustaba mucho la idea. Pensaban que el mundo de la música es muy inestable, en el que hoy estás arriba y mañana estás abajo porque algunos cantantes pasan de moda muy rápido.

Y realmente tienen razón porque muy pocos se mantienen con éxitos importantes durante toda su carrera. Sin embargo, yo seguía con mi sueño de ser cantante, y cuando hacía el bachillerato en el instituto, empecé a colgar mis vídeos en la red. La verdad es que algunos tenían muchísimas reproducciones…

Yo disfrutaba mucho con la música, me encantaba recibir mensajes de mis seguidores y soñaba con convertir mi afición en mi trabajo. Cuando aprobé la selectividad, llegó el momento de escoger una carrera. Para mis padres, la mejor opción era ir a la universidad y estudiar ADE.
—¿ADE? —pregunta Lucía.
—Sí, Administración y Dirección de Empresas —explica Belén.
—Pero tú querías ser cantante… —dice Marcos.
—¡Claro! También me gustaban la literatura y la informática, pero no quería estudiar temas económicos, que no me parecían nada interesantes…
—¿Y qué pasó entonces? —pregunta curiosa Lucía.
—Pues que ese mismo verano, de un modo raro y sorprendente, tuve una bronquitis muy grave —cuenta Belén mientras su voz todavía tiembla por los nervios cuando recuerda aquellos momentos.
—¡Qué palo! —dice Marcos.
—Yo, en aquellos años, hacía una vida muy sana con una alimentación rica en verduras y ensaladas, comía poca carne, hacía mucho deporte… Pero a pesar de que me cuidaba tanto, tuve esa bronquitis y eso me pareció muy injusto. Al final me recuperé, pero desde

entonces mis cuerdas vocales no volvieron a ser las mismas. Tuve que dejar de cantar y estaba hecha polvo. Pensaba que todo era un desastre y no sabía qué hacer con mi vida.

—¿Y qué hiciste? —pregunta de nuevo Lucía.

—Para mí, la situación fue insoportable. Pero entonces mi prima me echó un cable. Ella trabaja en una organización que ayuda a ciudadanos con problemas graves. Les ofrecen protección y les aconsejan para solucionar su situación. Gracias a la ayuda de esa organización comprendí que yo tenía otras opciones además de ser cantante y que tenía que luchar por mi futuro. Al final estudié Psicología e hice el trabajo de fin de carrera sobre situaciones extremas que cambian nuestras vidas. El tribunal académico me dio la nota final de sobresaliente, y ya lo veis: ahora trabajo como orientadora y soy muy feliz —comenta Belén con una gran sonrisa.

—¡Qué guay! —contesta Marcos.

—Quizás conocéis historias parecidas de deportistas famosos que tienen un gran futuro y de repente una lesión termina con su carrera. Nunca sabemos lo que puede pasar, por lo cual, sin renunciar a nuestros sueños, es importante tener siempre un plan B.

—Entonces estás segura de que es imposible predecir el futuro laboral de las personas, ¿verdad? —pregunta Lucía.

—Completamente —contesta Belén muy segura—. Si alguien os dice otra cosa, probablemente os estará tomando el pelo o se querrá burlar de vosotros.

10 ¿Estás loco?

Después de dar las gracias a Belén y cerrar la puerta de su oficina, Lucía y Marcos salen comentando la increíble historia de la joven orientadora.

—A veces la vida no es justa… ¡Un momento lo puede cambiar todo! —dice Lucía.

—Es verdad. Pero ya lo has oído, no debemos renunciar a nuestros sueños. Por eso creo que debemos ir a la universidad y...

—¿Ir a la universidad? —pregunta Lucía antes de que su amigo termine la frase—. ¿Para qué? Belén nos acaba de decir que no existen programas para predecir el futuro.

—Bueno, en realidad solo sabemos que ella no los conoce, pero eso no significa nada. Tú misma has leído lo que está haciendo el profesor Castro en su proyecto…

—¿Y de verdad quieres ir a hablar con él? No puedes llegar a la universidad y decirle «¡Buenos días, profesor! Hemos hecho copias de sus documentos secretos y ahora queremos saber si es verdad que usted y su equipo pueden predecir el futuro de las personas» —comenta Lucía con voz graciosa.

¡¿Estás loco?!

—La verdad es que no pensaba hablar con Castro personalmente, pero sí entrar en su oficina para buscar más información… sin que él esté allí, claro. Y si es esta misma noche, mejor todavía.

Lucía apenas puede creer lo que está escuchando, pero Marcos tiene muy claro lo que quiere:

—Yo creo que todo esto es algo muy serio, Lucía. La Universidad de Santiago tiene un renombre y seguro que no permite a sus profesores trabajar en proyectos con resultados que no son fiables… Por eso creo que el programa para predecir el futuro tiene que ser real —contesta serio Marcos—. Tal vez en su oficina encontramos la información que necesitamos para estar seguros y entonces podremos hacer algo.

—¡No puedes entrar por la noche en la oficina de un profesor universitario! Sabes perfectamente que eso va contra la ley y nos puede traer muchos problemas —dice Lucía.

—¿Y tú piensas que lo que hacen ellos está bien? Si ese programa sale al mercado, terminará con los sueños de muchos jóvenes que, después de recibir sus resultados, tal vez ya no quieren luchar por su futuro. Toda una generación perderá la ilusión… ¡Imagínate!

—¡Te odio! —contesta Lucía mientras piensa que su amigo tiene razón y que, por eso, ella debe ayudarlo—. De todas formas, es imposible entrar en los edificios de la universidad: están cerrados por la noche y hay vigilantes en el campus. No es tan fácil…

—Ya lo he pensado. Mi idea es entrar antes de que cierren y esperar unas horas en algún sitio tranquilo. No sé si vas a venir conmigo o no, pero sé que esta noche yo intentaré entrar en esa oficina.

11 Llaves que abren puertas

Esa misma tarde, un par de horas antes de que el conserje cierre todas las puertas, Lucía y Marcos entran con sus mochilas, como dos estudiantes universitarios más, al edificio donde tiene su oficina el profesor Castro.

Por fin encuentran la puerta que buscan en la segunda planta y a pocos metros ven una habitación con productos para limpiar las aulas.
—¡Ven! Este es el lugar ideal, es aquí donde vamos a esperar —dice Lucía mientras los dos entran y Marcos cierra la puerta.
Poco a poco los estudiantes y los profesores van dejando el edificio. Lucía y Marcos escuchan cada vez menos voces hasta que, ya a las diez de la noche, todo está completamente tranquilo.

—¿Salimos ya? —pregunta Marcos un poco nervioso.

—Mejor esperamos un ratito más —dice Lucía mientras mira la hora en su móvil.

—Por cierto… ¿Tú también les has dicho a tus padres que vas a preparar un trabajo de Historia en casa de un compañero de clase? —pregunta Marcos.

—¿Un viernes por la noche? Si digo algo así, no me creen seguro —contesta Lucía con una sonrisa—. Les he dicho que hoy es tu cumpleaños y que celebras una fiesta con un montón de amigos.

—Me gusta más esa idea… Me imagino que no te has olvidado del regalo, ¿no? —se ríe también Marcos.

Después de esperar casi una hora, por fin los chicos deciden salir de la pequeña habitación y van a la oficina del profesor Castro. Por supuesto, la puerta está cerrada con llave, y Marcos intenta abrirla como en las películas, con una tarjeta y con un clip que saca de su mochila, pero sin éxito.

¡Esto es imposible, no se abre!

PROFESOR JAVIER CASTRO

—¡Déjame intentarlo! —dice Lucía y coge la tarjeta de la mano de su amigo, pero después de cinco minutos se rinde también.

—¿Y ahora? —pregunta Marcos.

—¡Espera! Cuando entramos en el edificio pasamos por delante de la recepción, donde estaba el conserje, ¿recuerdas? Allí había un montón de llaves en la pared… Seguro que son las llaves de todas las oficinas —dice Lucía.

—Ya, ¿pero cómo entramos en la recepción?

—¡Es que creo que la ventana estaba un poco abierta! Si tenemos suerte y el conserje no la ha cerrado antes de irse a casa, podemos abrir la puerta y coger la llave… —explica Lucía.

Los chicos bajan a la planta baja y ven que Lucía tiene razón. Bastante nerviosos, los dos entran en la recepción y encuentran fácilmente la llave de la oficina 219 entre todas las que hay en la pared. Muy contentos, la cogen y suben otra vez a la segunda planta.

Esta vez la puerta se abre sin ningún problema, así que Marcos y Lucía entran muy rápido y cierran la puerta antes de empezar a buscar nueva información sobre el proyecto entre los libros, carpetas y papeles del profesor Castro. Los dos jóvenes están leyendo unos documentos que no habían visto antes cuando, de repente, escuchan algo a pocos metros de la oficina. Los chicos se miran asombrados y sin saber qué hacer mientras escuchan claramente como alguien camina en su dirección.

—¿Quién será? ¡No puede ser! ¿Quién viene un viernes a las doce de la noche a su oficina? —pregunta Marcos con voz baja.

En ese momento escuchan la llave en la puerta y Lucía, que está temblando por los nervios, contesta:

—Lo vamos a saber muy pronto.

12 Voluntarios

El profesor Javier Castro entra en su oficina y se queda a cuadros cuando ve a Marcos y a Lucía delante de su escritorio:

—¡Un momento, por favor! —le pide Lucía—. Nosotros solo queríamos saber más sobre su proyecto…

—¿Cómo? ¿Y eso os permite entrar así en mi oficina por la noche? —pregunta Castro muy enfadado, con el móvil en la mano.

—Tiene razón, todo esto es por mi culpa, lo siento —intenta explicar Marcos—. Yo quería tener más información sobre su aplicación para predecir el futuro…

—Pues, si seguís así, parece claro que vosotros dos terminaréis en prisión en un futuro muy próximo —dice Castro serio.

—¿Es que no entiende por qué estamos aquí? —pregunta Lucía con rabia—. Su proyecto puede tener consecuencias fatales y significar una desventaja enorme para muchos jóvenes…

El profesor deja el móvil y la mira con cara de sorpresa:

—¿Por qué dices eso?

—Pues, porque su proyecto robará los sueños de las próximas generaciones. Una aplicación absurda no puede decidir el futuro de una persona, ¡no es justo! ¿Y qué pasa si el programa predice a los jóvenes un futuro que no les gusta? ¿O les dice que nunca tendrán éxito?

—O peor todavía: ¡que serán unos criminales! —añade Marcos—. ¡Algo así es un desastre, irresponsable y debería estar prohibido! ¿Usted sabe cómo reaccionarán los jóvenes a algo así?

Con una pequeña sonrisa, que a los dos amigos no les gusta nada, Castro contesta muy tranquilamente:

—Pues no, no sabemos cómo reaccionarán las personas porque la aplicación no saldrá al mercado en un plazo de dos años. Todavía estamos trabajando en el programa, pero la verdad es que estamos buscando voluntarios para hacer unos tests… Y creo que acabo de encontrar a los dos primeros voluntarios…

Castro mira primero a uno y luego al otro y coge otra vez su móvil.

¡En pocos momentos vamos a saber cómo reaccionan las personas cuando ven su futuro delante de sus propios ojos!

13 Preparados, listos, ¡ya!

Lucía y Marcos miran al profesor Castro, que llama a alguien por teléfono:

¿Señor Mosquera? Sí, ya sé que es muy tarde, pero necesito su ayuda. Tenemos los primeros voluntarios para probar nuestra aplicación. ¿Puede venir ahora mismo a la universidad?

Cuando acaba de hablar por su móvil, el profesor pide a los chicos que ocupen dos sillas, mientras él pone dos portátiles para ellos encima de la mesa.

—¡Pero nosotros no queremos saber nuestro futuro! —dice Lucía enfadada y con un poco de miedo.

—Tenías que pensar mejor eso antes de entrar en mi oficina en mitad de la noche, así que haréis lo que yo os digo… ¿O queréis que llame a la policía?

Marcos y Lucía se miran sin decir nada.

—Ya me lo imaginaba… —continúa Castro—. Pues bien, ahora quiero que abráis la aplicación en los portátiles y también todos vuestros perfiles en redes sociales y los correos electrónicos. Y necesito vuestros móviles, así que venga…

—Pero usted no puede hacer eso, ¡va contra la ley! —dice Marcos.

—¿Y entrar en mi oficina a las doce de la noche no está prohibido? Si te arrepientes, ahora ya es demasiado tarde.

Al final, los dos jóvenes hacen lo que pide Castro y la aplicación recibe toda la información de sus perfiles y todos los datos que hay sobre ellos en Internet y en sus móviles.

Durante un buen rato, Marcos y Lucía contestan en los portátiles un montón de preguntas sobre varios temas: familia, amigos, aficiones, instituto, actividades de tiempo libre y en Internet…

1. ¿Qué es lo primero que haces por la mañana cuando te levantas?

 Desayunar.

Ver si tengo mensajes nuevos en el móvil.

Ducharme.

Mirar lo que mis amigos han colgado en las redes sociales.

2. Miro mi móvil…

cada diez minutos o menos.

solo cuando escucho que ha entrado un mensaje o cuando me llama alguien.

una o dos veces por hora.

solo cuando estoy aburrid@ y no tengo otra cosa que hacer.

Cuando ya es casi la una y cuarto de la noche, entra en la oficina el otro hombre que estaba con Castro el día que los chicos le devolvieron la carpeta en el parque.

—¡Buenas noches, señor Mosquera! Ya casi estamos listos —le dice Castro como saludo a su compañero.

—Así que tenemos con nosotros a dos chicos demasiado curiosos, ¿verdad? —contesta Mosquera.

—Eso parece, pero por lo menos ahora serán nuestros primeros voluntarios. Y los resultados sobre su futuro ya casi están… —dice el profesor mientras dos hojas van saliendo de una impresora, que está al lado del escritorio.

Marcos y Lucía miran nerviosos y el señor Mosquera sonríe cuando el profesor coge los documentos y los pone encima de la mesa:

—Preparados, listos, ¡ya!

14 En blanco

Lucía y Marcos se quedan a cuadros cuando ven las hojas encima de la mesa.

De repente, la cara de Castro ha cambiado completamente y ahora mira a los chicos con una enorme sonrisa.

—Eso significa que no conocemos vuestro futuro. Nadie lo conoce. Todo depende de vosotros, de vuestra responsabilidad y trabajo.

—Pero… ¿y la aplicación para predecir el futuro personal y laboral de las personas? —pregunta Marcos.

—No existe una aplicación para tener esa información —contesta Castro, que ya les parece mucho más simpático a los chicos.

—¿Cómo que no existe? —repite Lucía sin comprender nada—. Nosotros vimos los documentos sobre ese proyecto… ¡Sabemos que existe!

—La carpeta que yo olvidé y que vosotros encontrasteis aquel día en el parque es solo una pequeña parte de nuestro trabajo. Vosotros leísteis esa información y sacasteis una conclusión totalmente falsa sobre el proyecto —se ríe el profesor.

—Pero, entonces… —empieza a decir Marcos, con los ojos como platos.

Antes de que pueda continuar, Castro sigue explicando:

—En realidad estamos estudiando cómo y cuánto tiempo usan las personas sus redes sociales y cuáles pueden ser las consecuencias. Hasta ahora hay muy pocos estudios en este campo porque las redes sociales existen desde hace poco tiempo. Queremos mostrar que muchos jóvenes y no tan jóvenes cuelgan demasiados detalles sobre su vida en esas plataformas digitales. A veces, a simple vista, podemos saber dónde vive una persona, qué coche tiene, si está en casa o de vacaciones, dónde trabaja o estudia, cómo es su rutina, si tiene una mascota o cuáles son sus aficiones.

—Exacto, y colgar esos detalles puede ser muy peligroso porque las redes no son seguras, y hay criminales que aprovechan esa información. Además, todos esos datos pueden valer un montón de dinero porque son interesantes para muchas empresas. Por otro lado, no todos saben que, por ejemplo, las imágenes que ponen en la red ya dejan de ser privadas para siempre —añade el señor Mosquera.

—Primero, nosotros hicimos encuestas y analizamos los datos. Parece increíble, pero hay gente que está conectada continuamente y depende de las redes sociales como otros de las drogas. Algunas personas ya no pueden vivir sin su móvil y pasan muchas horas al día delante de sus ordenadores y portátiles. Y no solo por su trabajo… —explica otra vez Castro.

—¡Caray! En realidad, todo eso más o menos ya lo sabemos, pero no sabía que la situación es tan grave —dice Lucía.

—Pues sí, lo es. Incluso ya hemos visto que muchos jóvenes tienen problemas para comunicarse, no pueden concentrarse para leer textos largos o aprender algo de memoria. Parece que nos estamos convirtiendo cada vez más en una sociedad que vive en un mundo digital y olvida la vida real. Hay personas que hacen actividades solo para sacar fotos y colgarlas en las redes sociales. Van a un concierto y en lugar de disfrutarlo, hacen un vídeo y lo comparten en Internet en ese mismo momento —comenta el profesor.

Cuando escucha esas últimas palabras, Lucía se pone un poco roja mientras recuerda que ella también lo ha hecho ya, y dice:

—Bueno, yo creo que eso es normal... Hoy en día podemos hacer varias actividades al mismo tiempo, ¿no?

—¿De verdad crees que puedes disfrutar igual de un concierto si estás mirando continuamente el móvil? ¿O si estás leyendo y contestando los comentarios de tus amigos, en lugar de escuchar tus canciones favoritas? —pregunta Mosquera.

—Bueno, creo que no tenemos que exagerar… —contesta Marcos—.
Los jóvenes nos hemos acostumbrado a vivir así.

—Es verdad, vosotros usáis Internet desde niños y tenéis un ordenador en vuestra habitación desde muy pequeños, pero antes las cosas no eran así. Por supuesto, todo eso no es malo, pero el problema empieza cuando una persona deja de estudiar o ya no sale de casa para quedar con sus amigos porque prefiere estar conectada todo el tiempo a Internet. Y eso es lo que está pasando actualmente. Comparado con la generación de vuestros padres o vuestros abuelos, que no conocían Internet cuando eran jóvenes y crecieron sin móviles, hoy hay un montón de niños y niñas que ya no pueden vivir sin su teléfono —explica Castro muy serio.

—Pero hoy en día hay un montón de aplicaciones que te ayudan a dominar la situación: puedes ver cuántas horas al día estás conectado, por ejemplo… —dice Lucía.

—Tienes razón, pero eso no sirve para nada si después sigues usando tu móvil como antes… Lo importante de verdad es que cambies algo en tu rutina con las redes. Y además, ¿a cuánta gente conoces que usa una aplicación así?

15 Descubrir el futuro

Lucía y Marcos piensan que los padres y los profesores siempre están dando la brasa con el tema de los móviles, pero esta vez, gracias al proyecto de la universidad, empiezan a ver todo desde otra perspectiva.

—Seguramente vosotros estáis pensando que somos unos pesados y que no comprendemos cómo usáis los jóvenes las nuevas tecnologías, pero no es así. Sabemos que, por un lado, las redes sociales pueden ser fantásticas, pero por otro lado se convierten en un problema si empiezan a ocupar el lugar de nuestra vida real. A veces parece que es más importante hacer una foto de nuestro plato que disfrutar de la comida que comemos. Algunas personas parecen olvidar lo que cuenta realmente —explica Castro.

—Durante nuestro trabajo hemos conocido a chicos y chicas que dependen de modo extremo de sus móviles. Empieza casi siempre igual: Primero dejan de hacer sus deberes, luego llegan las malas notas, empiezan los problemas en casa… Los padres se enfadan, los jóvenes están hasta las narices de sus padres, y al final la situación es tan estresante que es insoportable para toda la familia —añade Mosquera.

—¿Y qué pueden hacer ustedes para solucionar el problema? —pregunta Lucía.

—Ahí es donde entra la clínica donde yo trabajo como director y que también participa en el proyecto —contesta Mosquera—. Algunos padres están hechos polvo porque ya no saben qué hacer y vienen a hablar con nosotros para que los ayudemos.

—¿Y ustedes qué hacen con ellos exactamente? —pregunta Marcos con ojos curiosos.

—Nosotros intentamos hacer actividades para que todos en la familia se alegren de estar juntos: cocinar, cantar, escalar… Queremos devolver a las familias sus momentos felices para que los padres y los hijos se sientan otra vez parte de un equipo, para ser de nuevo una piña. Ah, y no solo los jóvenes tienen este problema; también tenemos personas de otras edades en la clínica.

—Entiendo, eso significa que en realidad la aplicación para predecir el futuro es solo una excusa, ¿verdad? —quiere saber Marcos.

—Exacto, es todo un teatro para lograr tener todos los datos juntos. La idea es mostrar a los participantes a través de la aplicación toda la información que hay sobre ellos en Internet, casi siempre porque ellos mismos las cuelgan en las plataformas digitales. Pero también analizamos los datos de sus móviles para saber cómo las personas usan Internet… —explica Castro.

—Cuando ven cuántas horas al día están conectados o toda la información personal que hay sobre ellos en Internet, muchos participantes apenas pueden creerlo —comenta el señor Mosquera.

Marcos y Lucía piensan que la idea de predecir el futuro era impresionante, pero parecen un poco más tranquilos porque saben que no es real.

—¿Entonces ustedes piensan que nunca habrá aplicaciones para predecir el futuro? —les pregunta Marcos a los dos hombres.

—Yo creo que nosotros no somos máquinas. Todos podemos cambiar de intereses, opinión y actividades favoritas… Además, la vida está llena de sorpresas. No sabemos qué va a pasar mañana, y a veces algo muy pequeño lo puede cambiar todo… —dice Castro.

—¡Es verdad, como lo que le pasó a Belén, la orientadora de nuestro instituto! —recuerda Lucía y añade, bastante más tranquila—: En realidad, yo no me puedo imaginar una vida «normal» si ya sé cómo va a ser mi futuro… ¡Y me alegro de saber que todos iremos descubriendo nuestro futuro poco a poco y no con ayuda de una aplicación!

Con una sonrisa, el profesor Castro coge una carpeta llena de papeles de una de las estanterías y dice a los dos chicos:

—Yo en realidad he vuelto a la oficina porque olvidé estos exámenes que tengo que corregir este fin de semana. Venga, si queréis, os puedo llevar a vuestras casas en mi coche. Ya son casi las dos de la mañana, así que creo que por fin es hora de irse a dormir.

—Pues yo creo que no necesitamos ninguna aplicación para saber que usted tendrá un fin de semana bastante aburrido con todos esos exámenes —dice Marcos, mientras los cuatro salen sonriendo de la oficina.

Después de pedir disculpas otra vez y darle las gracias por llevarlos en coche a su barrio, Lucía y Marcos le dicen adiós al profesor Castro y se van por fin a sus casas.

Ya en sus camas, cansados después de un día muy largo y duro, los dos amigos se duermen contentos de saber que no es posible predecir el futuro. Ellos mismos podrán escribir esa página que, por suerte, todavía está en blanco.

Los capítulos

Vocabulario

Der Lernwortschatz aus **Encuentros** ^hoy **2**, Unidad 5, ist mit einem Sternchen * gekennzeichnet.

etw.	*etwas*
fam.	*familiar (umgangssprachlich)*
inf.	*infinitivo (Infinitiv, Inf.)*
jd	*jemand*
jdm/jdn	*jemandem/jemanden*
pl.	*plural (Plural, Pl.)*
pron.	*pronombre (Pronomen)*
pron. rel.	*pronombre relativo (Relativpronomen)*
subj.	*subjuntivo*
sust.	*sustantivo (Substantiv, S.)*

A

a favor (de) *   dafür
a la hora de + *inf.* *   zum Zeitpunkt, etw. zu tun
a la mañana siguiente   am nächsten Morgen
a pocos metros   wenige Meter entfernt
abajo *   unten
estar aburrido/-a   gelangweilt sein
la **Administración y Dirección de** Empresas (ADE) *   die Betriebswirtschaftslehre (BWL) *Fach*
ahora mismo   sofort
al día siguiente   am nächsten Tag
el **álbum** *   das Album
la **alimentación** *   die Ernährung
analizar algo *   etw. analysieren
antes de que + *subj.* *   bevor
aplaudir (a alguien)   (jdm) applaudieren
arriba *   oben
así que *   sodass; also
el **aspecto** *   der Aspekt
el **au pair**, la **au pair** *   der Au-Pair-Junge, das Au-Pair-Mädchen

B

bajo   unter
bajo presión *   unter Druck
el **banco**   die Bank

la **bronquitis**   die Bronchitis
el **buen rollo** *   die gute Stimmung

C

el **campo**   *hier:* der Bereich
el **campus**   das Universitätsgelände
la **capacidad** *   die Fähigkeit
con **cara de sorpresa**   mit überraschtem Gesicht
la **carne** *   das Fleisch
la **carpeta**   der Aktenordner
la **carrera** *   die Karriere; das Studium
estar cerrado/-a   geschlossen sein
el **ciclo de formación profesional** *   die Ausbildung
el **ciclo superior** *   die höhere Berufsausbildung
la **ciencia** *   die (Natur-)Wissenschaft
de **ciencia ficción**   Science-Fiction-
la **cita** *   der Termin; die Verabredung
el **ciudadano**, la **ciudadana** *   der Bürger, die Bürgerin
el **clip**   die Büroklammer
combinar algo con algo *   etw. mit etw. kombinieren
el **comentario**   der Kommentar
el **Comercio Internacional** *   der Außenhandel *Fach*
el **compañero**, la **compañera** *   *hier:* der Kollege, die Kollegin

competitivo/-a* *hier:* den Wettbewerb mögen

completamente vollkommen

completo/-a komplett; vollständig

complicarse la vida* sich das Leben schwer machen

componer algo (yo compongo)* etw. komponieren

comunicativo/-a* kommunikativ

concentrarse (en algo)* sich auf etw. konzentrieren

el **conservatorio*** die Musikschule

considerar los aspectos a favor y en contra* das Pro und das Kontra bedenken

la **contabilidad y finanzas*** Rechnungswesen und Finanzen

convertir algo en algo (e → ie) etw. zu etw. machen

la **copia*** die Kopie

el **correo electrónico** die E-Mail

el **criminal,** la **criminal** der Kriminelle, die Kriminelle

criticar algo / a alguien* etw./jdn kritisieren

el **cuarto de hora** die Viertelstunde

la **cuerda vocal** das Stimmband

cuidarse* auf sich achten

cumplir el trato* sich an die Abmachung halten

curioso/-a* neugierig

el **curso*** *hier:* das Schuljahr

D

Da igual. Egal.

dar las gracias a alguien sich bei jdm bedanken

darse bien/mal algo a alguien* gut/ schlecht in etw. sein

los **datos** *pl.** die Angaben; die Daten

de modo + *adj.** auf eine ... Art

de nuevo wieder; noch einmal; erneut

de prestigio angesehen

de toda la vida* *hier:* langjährig; schon immer

de verdad *hier:* wirklich

debería + *inf.* er/sie/es sollte + *Inf.*

decidir con el estómago* aus dem Bauch heraus entscheiden

dedicarse a algo* in etw. tätig sein; sich etw. widmen

el **defecto*** die Schwäche; der Defekt

dentro drinnen; innerhalb

desarrollar algo etw. entwickeln

desde entonces* seitdem

desesperarse* verzweifeln

despedirse (e → i) sich verabschieden

directamente direkt

el **director,** la **directora*** *hier:* der Geschäftsführer, die Geschäftsführerin

el **diseño multimedia*** das Multimedia-Design

estar **divertido/-a** belustigt sein

la **droga** die Droge

E

el **ejemplar*** das Exemplar

el **ejemplo** das Beispiel

en contra (de)* dagegen

en el que *pron. rel.** in dem; an dem; auf dem

en menos de + *tiempo** in weniger als + *Zeitangabe*

la **energía renovable*** die erneuerbare Energie

estar **enfadado/-a** verärgert sein; wütend sein

la **ensalada*** der Salat

entregar algo (a alguien)* etw. abgeben; jdm etw. geben

el **error** der Fehler

el **escenógrafo,** la **escenógrafa*** der Bühnenbildner, die Bühnenbildnerin

el **escritor,** la **escritora** der Schriftsteller, die Schriftstellerin

estable* fest; stabil
esto *pron.* * das; das hier
el **estómago*** der Bauch; der Magen
la **estrella*** der Stern; *hier:* der Star
estricto/-a* streng
los **estudios** *pl.* * das Studium
exacto/-a* genau; exakt
el **examen final,** los **exámenes finales**
  pl. * die Abschlussprüfung
la **excusa** die Ausrede
existir existieren

F

falso/-a falsch
el **fan,** la **fan,** los **fans** *pl.* * der Fan
la **fantasía** die Fantasie
la **fecha de nacimiento*** das Geburts-
  datum
el **fin** das Ende
final* End-; Abschluss-
formar algo etw. formen; etw. gestalten
fuera* draußen; außerhalb; im Ausland

G

ganar dinero* Geld verdienen
el **gato*** die Katze
la **generación*** die Generation

H

hacer contactos* Kontakte knüpfen
hacer una pregunta eine Frage stellen
hasta entonces bis dahin
la **historia*** die Geschichte; die Erzählung
Historia Geschichte *Fach*
la **hoja** das Blatt
el **hombre** der Mann
hoy mismo noch heute

I

ideal* ideal
la **ilusión** *hier:* die Hoffnung
la **impresora** der Drucker

inestable* wechselhaft; instabil
influir en algo/alguien (yo influyo)*
  etw./jdn beeinflussen
informático/-a Informatik-
Inglaterra* England
la **Informática*** die Informatik *Fach*
injusto/-a* ungerecht
el **interés,** los **intereses** *pl.* das Interesse
interesarse por algo/alguien* sich für
  etw./jdn interessieren
ir + *gerundio* * etw. allmählich tun
ir a la universidad* studieren; zur
  Universität gehen
ir contra la ley gegen das Gesetz
  verstoßen
irresponsable verantwortungslos

J

justo/-a* gerecht

L

laboral Arbeits-; Berufs-; beruflich
llamar a la puerta* anklopfen
la **llave** der Schlüssel
el **líder,** la **líder*** der Anführer,
  die Anführerin
limpiar algo* etw. putzen; etw. säubern
la **Literatura*** die Literaturwissenschaft
  Fach
Londres* London

M

mantenerse (e → ie) + *adj.* **(yo me**
  mantengo)* *Adj.* bleiben
la **mascota*** das Haustier
la **mecatrónica*** die Mechatronik
la **memoria*** das Gedächtnis;
  die Erinnerung
el **mercado laboral** der Arbeitsmarkt
el **milagro** das Wunder
mismo/-a selbst

mostrar algo a alguien (o → ue) jdm
  etw. zeigen
estar motivado/-a* motiviert sein
musical* Musik-; musikalisch

N

nada más nichts weiter
los nervios* die Aufregung;
  die Nervosität
la nevera der Kühlschrank
no... ni... weder ... noch ...
la nota die Notiz; der Zettel
la novela der Roman

O

la Oficina de Objetos Perdidos das
  Fundbüro
con los ojos como platos mit vor Überra-
  schung aufgerissenen Augen
olvidarse de algo/alguien* etw./jdn
  vergessen
la opción* die Auswahlmöglichkeit;
  die Option
el orientador, la orientadora* der
  Berufsberater, die Berufsberaterin
original* originell

P

el papel das Papier; das Blatt; das
  Dokument
para que + *subj.** damit
pasar* hereinkommen
pasar de moda* aus der Mode kommen
la pausa die Pause
pedir algo (e → i) etw. bestellen
el perfil* das Profil
permitir algo a alguien* jdm etw.
  erlauben
personal* persönlich
la perspectiva die Perspektive
las perspectivas laborales *pl.** die
  Berufsaussichten

la pizza die Pizza
la plataforma digital* die digitale
  Plattform
el plazo* die Frist; der Abgabetermin
poco a poco* nach und nach
el policía, la policía* der Polizist,
  die Polizistin
la policía die Polizei
poner fin a algo etw. beenden
por* wegen; für; durch
por lo cual* weshalb
por lo que* weshalb
por supuesto* selbstverständlich
la posibilidad die Möglichkeit
el precio der Preis
predecir algo (e → i) etw. vorhersagen
la pregunta die Frage
el premio die Prämie
la presión* der Druck
el prestigio das Ansehen
la prisión das Gefängnis
productivo/-a* produktiv
la profesión* der Beruf
el programa das Programm
la protección* der Schutz
próximo/-a nah
Psicología Psychologie *Fach*
el puesto (de trabajo)* die (Arbeits-)
  Stelle
el punto débil* die Schwäche
el punto fuerte* die Stärke

Q

¡Que no! Aber nein!
quedarse + *gerundio** etw. weiterhin tun

R

reaccionar a algo* auf etw. reagieren
real real; echt; wahr
recordar algo (o → ue)* sich an etw.
  erinnern
la red* das Netz (= Internet)

reparar algo* etw. reparieren
repetitivo/-a* eintönig; abwechslungslos
la **reproducción,** las **reproducciones** pl.*
die Wiedergabe
la **responsabilidad** die Verantwortung;
das Verantwortungsbewusstsein
resultar fácil/difícil a alguien* jdm
leicht/schwer fallen
robar algo a alguien jdm etw. rauben

S

sacar una conclusión de algo eine
Schlussfolgerung aus etw. ziehen
la **sala** das Wohnzimmer
salir + gerundio* schließlich etw. tun
salir al mercado* auf den Markt
kommen
sano/-a* gesund
secreto/-a geheim
el **seguidor,** la **seguidora*** der Follower,
die Followerin
estar seguro/-a (de algo)* sich sicher
sein
la **selectividad*** Zulassungsprüfung zur
Hochschule
estar **sentado/-a** sitzend; sitzen
sentarse (e → ie) sich setzen
servir para algo (e → i)* für etw.
hilfreich sein
sin que + subj.* ohne dass
sincero/-a* ehrlich
social* sozial
el **sofá** das Sofa
solo adv. (gerade) erst
sonreír lächeln
la **sonrisa*** das Lächeln

T

tal vez* vielleicht
técnico/-a* technisch
el **técnico superior,** la **técnica superior***
Abschluss der Berufsausbildung

la **tecnología*** die Technologie
la **televisión,** las **televisiones** pl. der
Fernseher
el **tema*** das Thema
temblar (e → ie)* zittern
tener algo claro* sich über etw. im
Klaren sein
tener los pies en el suelo* bodenstän-
dig sein
el **test de orientación vocacional*** der
Karrieretest
el **test** der Test
el **timbre** die Klingel
tomar un camino* einen Weg ein-
schlagen
el **trabajo de fin de carrera*** die
Abschlussarbeit
tratar a alguien de tú/usted* jdn
duzen/siezen
el **trato*** die Abmachung
el **tribunal académico*** die Prüfungs-
kommission

V

ser **verdad** wahr sein
el **vidente,** la **vidente** der Hellseher,
die Hellseherin
el **vigilante,** la **vigilante** der Nachtwäch-
ter, die Nachtwächterin
la **virtud*** die Tugend
visual* visuell
el **voluntariado*** der Freiwilligendienst